FACULTÉ DE DROIT DE TOULOUSE

———×———

Cours de Code Civil approfondi

———×———

LEÇON D'OUVERTURE

Prononcée le 4 Décembre 1879

PAR

M. Théophile HUC

PROFESSEUR DE CODE CIVIL

TOULOUSE
IMPRIMERIE LITHOGRAPHIQUE ET TYPOGRAPHIQUE P. RIVIÈRE ET Cie
15, Boulevard Riquet, 15
——
1879

FACULTÉ DE DROIT DE TOULOUSE

Cours de Code Civil approfondi

LEÇON D'OUVERTURE

Prononcée le 4 Décembre 1879

PAR

M. Théophile HUC

PROFESSEUR DE CODE CIVIL

TOULOUSE

IMPRIMERIE LITHOGRAPHIQUE ET TYPOGRAPHIQUE P. RIVIÈRE ET Cie

15, Boulevard Riquet, 15

1879

MESSIEURS,

Par suite d'un accord intervenu entre le Ministère de l'Instruction publique et la Municipalité de Toulouse qui, sur ma proposition, en avait pris l'initiative, plusieurs cours nouveaux ont été institués dans notre Faculté de Droit.

L'un de ces cours, celui qui a pour titre : Cours de Code civil approfondi, avait d'abord été confié à M. Gustave Bressolles, qui l'a savamment inauguré l'an dernier. M. Bressolles, qui fut notre maître il y a trente ans, ayant spontanément décliné l'honneur de continuer cet enseignement , nous en avons été chargé.

Nous avons accepté sans hésitation cette mission difficile, qui nous permettra, après vingt-cinq ans d'enseignement, de vous apporter le résultat de nos méditations sur le Droit et sur l'art de l'enseigner.

Il est indispensable, Messieurs, de déterminer d'abord, avec précision, l'objet précis de ce Cours, tel que nous le comprenons, et d'examiner la valeur des objections soulevées par le titre qui lui a été donné.

On s'est en premier lieu demandé quelle pouvait être la signification d'un Cours de Code civil approfondi. Si un cours approfondi est reconnu nécessaire ou simplement utile, cela ne semble-t-il pas impliquer que les autres cours normaux et réguliers de la Faculté ne sont pas suffisamment approfondis et peuvent, dès lors, dans une certaine mesure, être considérés comme superficiels ?

Vous savez mieux que personne, Messieurs, vous, les aspirants au doctorat ou à l'agrégation, qui avez suivi durant plusieurs années

les leçons des professeurs de cette école,
vous savez mieux que personne combien une
telle critique serait peu fondée. Je puis dé-
clarer, en ce qui me concerne, qu'il me serait
impossible, dans un cours public, d'approfondir plus que je ne l'ai fait les matières
formant l'objet de mon enseignement triennal
ordinaire. Il me suffira de rappeler les labo-
rieuses études que nous avons faites ensemble sur la constitution et le fonctionnement
du droit de propriété, la théorie des droits
de famille, l'importante matière des obliga-
tions, qui nous a arrêtés durant les deux tiers
d'une année, le contrat de mariage, la vente,
les hypothèques..... Toutes ces matières ont
été de notre part l'objet d'explications aussi
approfondies que possible, et il nous serait
difficile de les approfondir davantage, même
dans un cours de CODE CIVIL APPROFONDI.

Par conséquent, ce n'est pas comme opposé
à SUPERFICIEL que le mot APPROFONDI doit
être accepté dans l'intitulé de notre cours, et
il faut lui donner une autre signification.

Aussi, de bons esprits ont pensé qu'à côté du cours triennal ordinaire, il y avait place pour un cours d'une autre nature, portant sur des matières spécialement choisies et pouvant donner lieu, pour chacune d'elles, à des développements plus complets, plus étendus que ne le comporte le cadre d'un cours élémentaire. C'est ainsi, en effet, que le cours de code civil approfondi paraît avoir été compris dans certaines Facultés où ce même cours existe déjà depuis plusieurs années, soit sous une dénomination semblable, soit sous une dénomination analogue. Dans certains endroits, ce cours est indiqué comme devant porter sur LES MATIÈRES LES PLUS DIFFICILES DU CODE CIVIL.

Nous ne méconnaîtrons pas ce qu'il peut y avoir d'exact et même de pratiquement utile dans un tel aperçu. Il nous sera cependant permis de faire à cet égard quelques réserves. Les matières LES PLUS DIFFICILES du Code civil, pour employer l'expression consacrée, doivent nécessairement avoir fait

l'objet de l'enseignement du professeur, durant
les trois années du cours ordinaire de licence.
Tout ce qu'il y a d'essentiel et de véritablement important a dû être dit et suffisamment
expliqué. Sans doute, on a pu glisser légère-
ment sur certaines questions, mais parce
qu'elles étaient secondaires ; — on a pu en
omettre intentionnellement certaines autres,
mais parce qu'elles étaient moins importantes
encore et que l'application des principes gé-
néraux suffisait pour en faire trouver la solution. Par conséquent, un cours qui aurait
pour objet de revenir, sous prétexte de développements nouveaux et plus complets, sur
des questions qui auraient été simplement
indiquées dans le cours de licence, un tel
cours n'aurait plus forcément pour objet que
des questions secondaires ou des difficultés
minuscules révélées par la pratique et la
jurisprudence ; son importance scientifique
serait médiocre ; il pourrait mériter le nom
de cours COMPLÉMENTAIRE, mais ce serait
mentir à la réalité que de l'appeler un

COURS APPROFONDI sur le Code civil.

Que faut-il donc entendre par un COURS DE CODE CIVIL APPROFONDI?

Nous nous sommes demandé s'il n'y avait pas ici une sorte d'interversion des termes employés, et si, au lieu d'un cours de Code civil approfondi, il ne s'agirait pas plutôt d'un cours d'APPROFONDISSEMENT du Code civil, ou mieux, pour parler un langage plus correct, d'un cours ayant pour objet : l'ART D'APPROFONDIR LE CODE CIVIL?

On l'a répété bien souvent, l'étudiant qui, durant trois années, a suivi avec intelligence et assiduité le cours de licence, y a plutôt appris à étudier le Droit que le Droit lui-même. C'est en cela que réside l'immense avantage de l'enseignement oral; il constitue véritablement un genre particulier d'initiation que la lecture des meilleurs auteurs ne saurait jamais produire. Différemment, il suffirait, pour connaitre le Droit, de s'enfermer dans son cabinet et de lire la collection complète des écrits publiés par les jurisconsultes les plus en renom, et l'on pourrait, sans inconvénient, supprimer les Facultés de Droit, et même toutes les Facultés, en généralisant la mesure pour toutes les sciences. Un tel procédé serait peut-être suffisant pour quelques rares génies assez richement doués pour tout tirer de leur fonds, mais pour l'immense majorité, il aboutirait au résultat le plus triste, le plus déplorable, le plus nuisible qui puisse exister, à l'éclosion de demi-savants, impuissants à distinguer le vrai du faux, ignorant leur propre insuffisance, et toujours prêts à compromettre les intérêts les plus sérieux.

La supériorité de l'enseignement oral consiste donc uniquement en ceci : il constitue une véritable initiation. Mais il faut que l'initiation soit complète, et l'esprit d'un cours de code civil approfondi doit être de vous initier dans l'art d'approfondir vous-même les questions les plus ardues de la science, dans l'art de recourir aux sources d'information sans en négliger aucune, et surtout dans l'art d'apprécier à leur exacte valeur chacune de ces sources elles-mêmes. Il existe, en effet, un art véritable d'approfondir la science du Droit, comme d'ailleurs toute autre science. Un géologue anglais a écrit un livre fort estimé sous ce titre : L'ART D'OBSERVER EN GÉOLOGIE. Il ne s'agissait pas de créer des géologues, mais d'indiquer à ceux qui pouvaient être doués d'un talent naturel d'observation l'emploi rationnel et méthodique de leurs facultés (1).

Nous voulons tenter de faire quelque chose de semblable pour la science du Droit. Lorsque l'esprit humain se trouve aux prises avec une institution juridique, lorsqu'il veut l'étudier dans tous ses détails pour se rendre compte de sa nature et de son but, de son fonctionnement, des défectuosités qu'elle peut présenter, des améliorations dont elle pourrait être susceptible; lorsque, en un

(1). L'*Art d'observer en géologie*, par T. de la Bêche, traduit de l'anglais par H. de Collegno.

mot, l'esprit de l'homme cherche à APPRO-
FONDIR l'une des matières réglementées par
notre Code, il peut remontrer l'erreur aussi
bien que la vérité. Il aboutira à des résultats
bien différents suivant qu'il se sera agité au
hasard en parcourant sans direction par-
ticulière les sentiers ouverts devant lui, ou
qu'il procédera au contraire suivant une
méthode rigoureuse d'investigation scientifique, en vertu de règles connues dont
l'observation l'empêchera de rien négliger
et l'obligera, sinon à voir tout, au moins
à tout regarder.

Un exemple va rendre sensible un tel
aperçu :

Supposons un jeune licencié ayant fait
consciencieusement des études convenables
et qui se propose d'étudier d'une manière
spéciale : LA PRESCRIPTION. Voici quelle
sera la direction probable que suivront ses
idées : la première question qui se présen-
tera à son esprit sera celle-ci : Quelle est
l'opinion rationnelle qu'il convient d'adopter

sur la légitimité de la prescription que l'arti-
cle 2219 du Code civil définit : un moyen
d'acquérir? La prescription a-t-elle son
fondement dans le Droit naturel ou est-elle
une conception contingente et arbitraire du
Droit positif? C'est ainsi, en effet, que la
question est formulée chez un grand nombre
d'auteurs anciens et modernes. Il sera donc
porté à vérifier d'abord ce qui a été dit
sur ce point par les théoriciens du Droit
naturel; il y verra qu'il semble difficile de
mettre d'accord la prescription avec une
notion exacte du droit de propriété; que,
théoriquement et au point de vue des règles de l'absolu, la prescription ne devrait
pas exister; que, cependant, certaines né-
cessités pratiques tenant à l'imperfection
de l'état social, ont rendu nécessaire l'adop-
tion d'une institution dont les principes purs
étaient loin de réclamer l'organisation. In-
terrogeant ensuite les législations des peuples anciens, il verra qu'en effet le senti-
ment pratique a généralement prévalu sur

les données de la théorie pure. Il pourra donc se trouver conduit à formuler la réfléxion suivante :

« Quel intérêt peut-il y avoir à rechercher dans le Droit naturel les fondements d'une institution, si l'on est obligé de reconnaître ensuite que le Droit positif n'a pas à tenir compte des données du Droit naturel? »

Qui se trompe donc du Droit positif ou du Droit naturel? Où sera le progrès? Le progrès consistera-t-il à se rapprocher du Droit naturel en faisant disparaître la prescription qui, pourtant, a été appelée : LA PATRONE DU GENRE HUMAIN, ou bien le progrès consistera-t-il, au contraire, à affirmer sur ce point la toute-puissance du Droit positif? La question a été absolument posée comme nous venons de l'imaginer. Quelques auteurs ont même fait remarquer que la législation Prussienne, en adoptant une disposition supprimant à peu près la prescription acquisitive, prenait, dans la marche ascendante du Droit, une avance marquée sur les autres législations de l'Europe (1).

Voilà, Messieurs, quels peuvent être les résultats d'une étude sur la prescription entreprise par un esprit livré à lui-même, non initié à l'art d'approfondir les matières juridiques : hésitation sur la solution à donner à la question principale, incertitude sur le point de savoir de quel côté est la route du progrès !

Voici maintenant comment procédera, sur la même difficulté, celui qui aura été initié aux règles dont l'ensemble constitue l'art d'approfondir. Il veut étudier la théorie de la prescription ; on lui aura appris qu'à propos de toute matière juridique, l'investigateur doit, au préalable, se poser la question suivante : La théorie à examiner se rattache-t-elle à une autre théorie plus étendue, plus compréhensive, dont elle ferait partie ? La réponse est facile : la prescription

(1) Voy. ACCOLAS, *Manuel de Droit civil*, 2ᵉ édit., t. III, p. 845.

acquisitive rentre dans la théorie de la propriété. Mais cela ne suffit pas : à quelle partie de la théorie générale de la propriété faut-il rattacher la prescription? Faut-il la rattacher à la constitution dn droit de propriété, à son mode de fonctionnement ou à son mode de preuve, etc.? Si l'investigateur a le jugement droit, il verra que la matière de la prescription se rattache directement à la théorie de la preuve du droit de propriété. C'est après ces recherches préalables qu'il pourra se livrer à l'étude de la difficulté qui le préoccupe concernant la légitimité de la prescription. Mais les recherches préalables auxquelles il a dû se livrer vont avoir pour premier résultat d'apporter une modification importante à la formule de la question qu'il veut examiner. Au lieu de vérifier, comme l'avait fait d'abord le premier explorateur dont nous avons parlé, si la propriété peut être légitimement acquise par la prescription, il se bornera à rechercher plus simplement et plus exactement si la

propriété peut être légitimement prouvée
par la prescription. Cette modification dans
la formule a pour conséquence immé-
diate d'éliminer du débat les théoriciens
du Droit naturel et les jurisconsultes
qui ont perdu leur temps à disserter
sur le point de savoir si la propriété peut
être légitimement acquise par la prescription, si la prescription est de Droit naturel
ou de Droit positif, etc..... Ceux-là seuls qui
auront examiné la difficulté au point de
vue de la preuve devront conserver la parole
dans la discussion.

L'investigateur interrogera ensuite les
législations positives des anciens peuples,
à partir de l'établissement de la propriété
individuelle; il verra que partout, sauf
quelques différences de détail, le législateur
a considéré que la preuve du droit de
propriété serait incomplète et même impossible sans le secours de la prescription;
qu'un droit, même d'après les données du
Droit naturel, n'existe véritablement dans

toute son intégrité que si son existence et
sa protection se trouvent garanties par des
moyens suffisants de preuve. Dès lors, toute
antinomie entre le Droit positif et le Droit
naturel, quant à la question qui nous occupe,
disparaîtra ; aucun doute, aucune incertitude ne persisteront dans son esprit, et
il ne sera pas embarrassé pour reconnaître
que la liberté et le développement de la
propriété individuelle sont attachés à la
conservation du principe de la prescription.
Si on lui objecte l'exemple de la Prusse, il
pourra répondre sans hésiter, n'eût-il même
aucun renseignement particulier sur la législation de cette nation : « Cela prouve tout
simplement que la propriété individuelle
n'est pas organisée en Prusse comme chez
nous, et que, vraisemblement, elle y est
moins bien organisée. » — S'il est, au
contraire, renseigné sur l'état de la législ-
lation Prussienne, il ajoutera, avec plus de
précision : « Il n'est pas surprenant qu'il
en soit ainsi en Prusse, car la propriété indi-

viduelle n'y est admise que comme une déri-
vation du domaine éminent de l'État, comme
une sorte de concession de la puissance
publique ; le droit de propriété y résulte
d'une inscription faite sur des registres spé-
ciaux, avec des formalités se rattachant à
la juridiction contentieuse, de sorte que le
propriétaire demeure tel tant que son nom
n'a pas été remplacé par le nom d'un autre
régulièrement inscrit. Il en résulte que, dans
un pareil système, il n'y a pas de place
pour le fonctionnement de la prescription. »
C'est précisément ce que faisait déjà remarquer en 1841 l'administration de l'Enre-
gistrement, dans l'enquête relative à la
réforme hypothécaire.

« Les principes qui régissent la propriété
en Allemagne, ajoutait la même administration, font des transmissions d'immeubles
une affaire de la communauté civile qui
préside, pour les consacrer, à tous les actes
des propriétaires, tandis qu'en France ces
transmissions sont laissées dans le domaine

de la liberté individuelle, et l'autorité n'intervient que pour assurer les effets des conventions privées (1). »

Vous voyez donc, Messieurs, l'énorme différence qui sépare les résultats obtenus sur une même question par deux esprits également éclairés et consciencieux, mais dont l'un obéissait aux règles de l'art d'approfondir, tandis que l'autre, dans l'ignorance de ces mêmes règles, marchait seul et comme au hasard ; loin de demeurer le maître de ses recherches et de son jugement, il se trouvait maîtrisé à son insu par les écrits divers que l'occasion, plutôt qu'un choix raisonné plaçait sans ordre entre ses mains.

Les règles auxquelles nous faisons allusion existent, Messieurs, et nous nous proposons d'en donner successivement la formule. — Elles ne présentent rien de

---

(1) DOCUMENTS *relatifs à la réforme hyp. publiés par ordre du ministre de la justice*, t. III, p. 154-155.

6

bien compliqué, et c'est peut-être leur ex-
trême simplicité qui empêche trop souvent
qu'elles soient clairement aperçues et ju-
dicieusement observées. Nous en ferons
l'application à la plupart des matières du
Code; nous vous démontrerons qu'étant
donné n'importe quel sujet d'investigation,
il est possible de combiner et de diriger
le travail de l'esprit de telle manière que
le sujet examiné se présente successivement
sous toutes ses faces possibles, sans qu'une
seule demeure dans l'ombre; que toutes
les questions pouvant surgir à l'occasion
de ce sujet se présentent comme d'elles-
mêmes. Nous nous proposons, en un mot,
de rechercher et de décrire les procédés
logiques et nécessaires de l'esprit dont le
jeu doit constituer la méthode de l'investigation ou de l'analyse juridique.

Il est certain que la science de cette méthode ne donnera pas à celui qui en est
dépourvu les aptitudes qui caractérisent le
jurisconsulte; mais elle empêchera celui

qui possède ces aptitudes de perdre son temps dans des études stériles, sans profit comme sans résultat.

Nous allons maintenant indiquer succintement les grandes lignes du plan que nous nous proposons de suivre dans ce cours.

1° Nous examinerons en premier lieu les règles concernant : LA DÉTERMINATION ET DÉLIMITATION RIGOUREUSEMENT EXACTES D'UN SUJET JURIDIQUE QUELCONQUE A EXAMINER; qu'il s'agisse d'un sujet à étudier simplement ou d'un sujet à traiter par écrit.

2° Le sujet d'étude étant bien déterminé et délimité, il faudra rechercher comment il doit être analysé aux divers points de vue suivants :

A. — Sa nature ;

B. — Son origine ;

C. — Ses modalités dans le temps et l'espace ;

D. — Son extinction.

3° Indication des règles ayant pour but d'analyser le mode de fonctionnement d'une institution juridique quelconque, envisagée successivement :

A. — Entre les parties intéressées, leurs successeurs ou ayant-cause ;

B. — A l'égard des tiers ;

C. — A l'égard du fisc ;

D. — Au point de vue de la transmissibilité entre vifs ou par décès, à titre gratuit ou onéreux.

L'examen des divers points de vue qui viennent d'être indiqués formera la première partie du cours.

La deuxième partie sera consacrée aux SOURCES D'INFORMATION auxquelles il est indispensable de recourir et dont aucune ne saurait être négligée.

Ces sources d'information sont les suivantes :

1° Droit naturel et philosophie ; principales autorités ; valeur de ce genre d'information.

2° Histoire ; Droit romain et ancien Droit français ; valeur de ce genre d'information suivant les auteurs, les époques et les diverses matières juridiques.

3° Canonistes, théologiens et casuistes; valeur de ce genre d'information suivant les auteurs, les époques et les matières.

4° Législations étrangères; législation comparée.

5° Économie politique et statistique.

Telle est, Messieurs, l'économie générale du plan que nous nous proposons de suivre. Nous aurons, vous le comprenez, à faire à chaque instant l'application des règles dont nous voulons démontrer l'utilité; cela nous permettra d'étudier ce qu'on est convenu d'appeler : LES QUESTIONS LES PLUS DIFFICILES DU CODE, de les étudier d'une manière APPROFONDIE, tout en nous rendant compte des procédés intellectuels mis en œuvre dans ce but. Nous aurons ainsi trouvé le moyen de réunir dans un cadre unique des sujets bien différents, et de réaliser l'unité dans la variété.

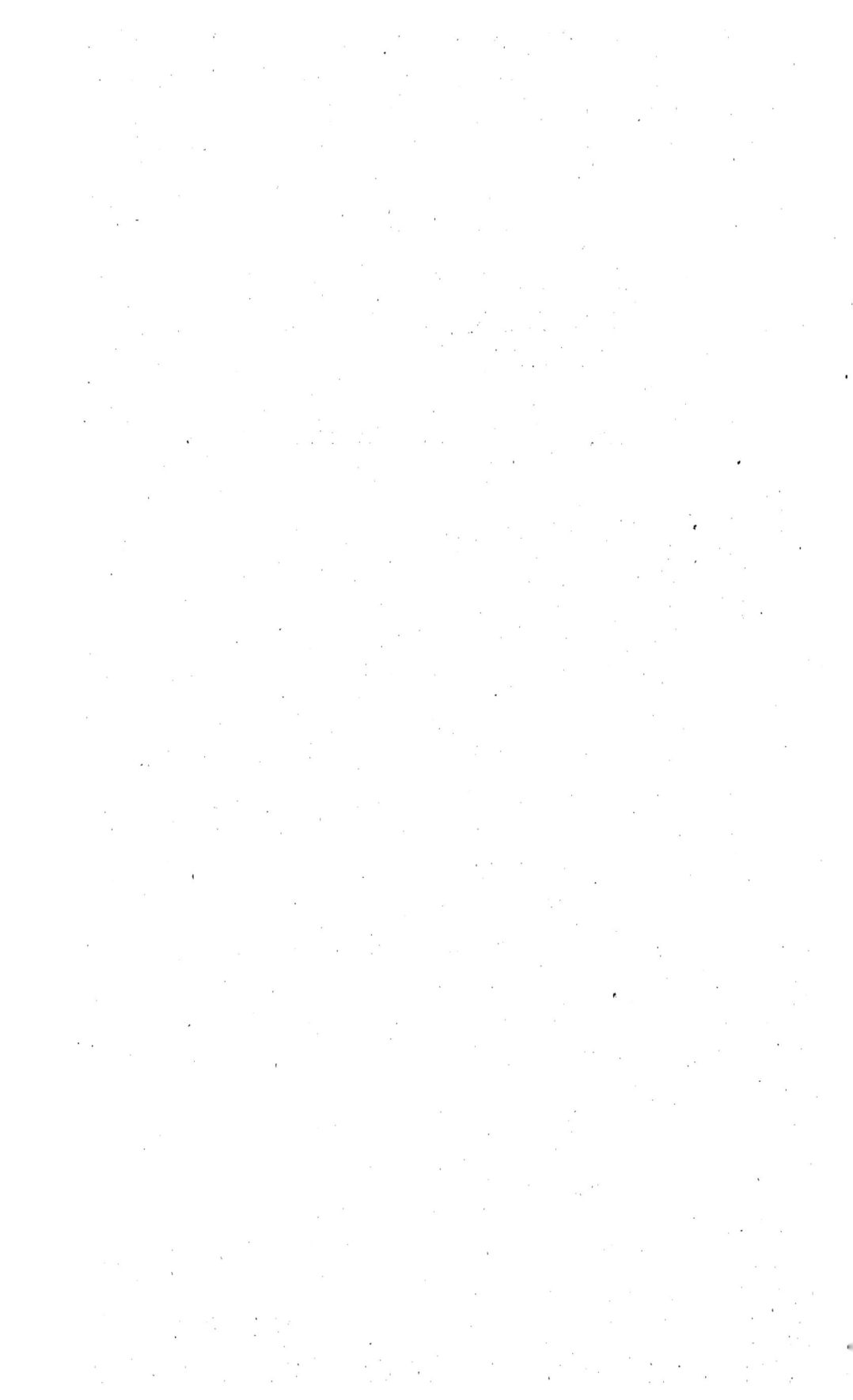

Impr. P. RIVIÈRE et Cⁱ⁵. Toulouse.

www.ingramcontent.com/pod-product-compliance
Lightning Source LLC
Chambersburg PA
CBHW070150200326
41520CB00018B/5356